Marie-Laure Tombini

SUSHIS

MAKIS, YAKITORIS, ONIGIRIS…

MANGO

SOMMAIRE

Spring rolls

California makis

La traduction littérale
du mot *sushi* est « riz vinaigré
accompagné de poisson cru, cuit ou mariné,
de crustacés, de légumes ou d'œufs ». Ces petites
bouchées, emblématiques de la cuisine japonaise, peuvent être
recouvertes ou farcies de garnitures variées.

Les sushis sont apparus au Japon avec l'introduction du riz au IVe siècle avant J.-C. À l'origine, la technique du riz vinaigré était une méthode de conservation pour le poisson. Aujourd'hui, les sushis sont réputés pour apporter une alimentation saine et équilibrée. Je vous propose dans ce livre des recettes classiques et des idées plus originales pour faire vous-même vos sushis maison.

Préparer des sushis, c'est facile. Il vous suffit d'une natte en bambou, éventuellement d'un moule à sushis, d'une planche à découper et de couteaux tranchants de bonne qualité. Avec un peu d'entraînement, vous réussirez à faire des merveilles et à proposer de nouvelles saveurs. Les termes maki et sushi sont les plus connus, mais il existe diverses variétés :

- **Nigiri sushi :** un pavé de riz surmonté d'un filet de poisson coupé en tranches
- **Maki sushi :** un rouleau de riz entouré d'une feuille de nori et garni d'un seul élément
- **California maki :** maki inversé dans lequel la feuille d'algue est placée à l'intérieur du rouleau
- **Futomaki :** gros rouleau de riz garni de plusieurs ingrédients
- **Temaki :** rouleau façonné à la main en forme de cornet

Cuisson du riz à sushi

Pour 120 g de riz à sushi cru (8 à 10 sushis ou 2 rouleaux de makis)
Préparation : 10 min
Cuisson : 20 min
Repos : 1 h 30

120 g de riz rond à sushi cru
4 cuillerées à soupe de vinaigre de riz
2 cuillerées à soupe de sucre
1 cuillerée à café de sel

1. Faites tremper le riz dans de l'eau froide durant 1 heure.
2. Pendant ce temps, faites chauffer le vinaigre de riz avec le sucre et le sel. Laissez cuire sans bouillir, jusqu'à dissolution complète du sucre. Laissez refroidir.
3. Placez le riz dans une passoire. Laissez égoutter 30 minutes.
4. Mettez le riz dans une casserole à fond épais avec 12 cl d'eau.
5. Couvrez, faites chauffer à feu moyen pour porter l'eau à ébullition et comptez 5 minutes de cuisson à partir de l'ébullition.
6. Baissez le feu et laissez cuire à feu très doux sans ôter le couvercle durant 5 minutes.
7. Laissez ensuite reposer hors du feu, avec le couvercle, durant encore 10 minutes.
8. Ajoutez le vinaigre et mélangez délicatement sans écraser les grains. Laissez refroidir à température ambiante.

Confection des sushis

Pour une dizaine de sushis
Préparation : 15 min
Sans cuisson

120 g de riz à sushi cru
(voir préparation p. 9)
120 g de poisson

Servez avec du wasabi et de la sauce soja.

1. Ôtez les arêtes du poisson.

4. Formez des pavés de riz à l'aide de moules à sushis. Si vous n'en avez pas, trempez vos mains dans l'eau. Prenez l'équivalent d'une grosse cuillerée de riz et pressez-le entre vos mains de façon à le compacter.

2. Enlevez la peau en passant un couteau à lame souple entre la peau et la chair.

5. Déposez dessus un morceau de poisson. Pressez à nouveau pour le coller.

3. Découpez le poisson par le côté du filet pour obtenir de petits rectangles nets.

6. Placez les sushis au réfrigérateur au fur et à mesure afin d'éviter que le poisson ne se réchauffe.

Roulage des makis

Pour 12 makis
Préparation : 15 min
Sans cuisson

120 g de riz à sushi cru
(voir préparation p. 9)
60 g de poisson
2 feuilles de nori

Servez accompagné de quelques morceaux de gingembre mariné au vinaigre, de wasabi et de sauce soja.

1. Coupez de longues bandes de chair de poisson.

6. Serrez bien l'ensemble à l'aide de la natte de bambou.

2. Couvrez la moitié d'une feuille de nori avec la moitié du riz.

3. Mouillez vos mains et tassez légèrement le riz pour le répartir uniformément.

4. Déposez la moitié des bâtonnets de poisson.

5. Soulevez le bord de la natte pour faire rouler le maki sur lui-même.

7. Si les feuilles sont trop grandes, coupez-les au couteau.

8. Coupez le rouleau en 6 tronçons à l'aide d'un couteau bien affûté. Prenez soin de bien humidifier la lame du couteau entre chaque découpe.

9. Renouvelez l'opération avec le reste des ingrédients.

Sushis de saumon

Pour 8 à 10 sushis
Préparation : 15 min
Sans cuisson

120 g de riz à sushi cru
120 g de pavé de saumon sans arêtes

1. Préparez le riz selon la technique expliquée p. 9.
2. Laissez totalement refroidir, sans mettre au réfrigérateur.
3. Coupez le pavé de saumon de façon à avoir de belles tranches uniformes.
4. Formez un pavé de riz à l'aide d'un moule à sushis. Si vous n'en avez pas, mouillez-vous les mains et prélevez une boulette de riz. Tassez-la pour lui donner forme.
5. Plaquez un morceau de saumon dessus.
6. Tassez entre vos mains mouillées pour maintenir le sushi.

Sushis au saumon fumé

Pour 8 à 10 sushis
Préparation : 20 min
Cuisson : 10 min

120 g de riz à sushi cru
2 ou 3 tranches
de saumon fumé

1. Préparez le riz selon la recette expliquée p. 9.
2. Laissez totalement refroidir, sans mettre au réfrigérateur.
3. Découpez le saumon fumé en fines tranches.
4. Formez un pavé de riz à l'aide d'un moule à sushis. Si vous n'en avez pas, mouillez-vous les mains et prélevez une boulette de riz. Tassez-la pour lui donner forme.
5. Plaquez un morceau de saumon fumé dessus.
6. Tassez entre vos mains mouillées pour maintenir le sushi.

Sushis de crevettes

Pour 10 sushis
Préparation : 15 min
Sans cuisson

120 g de riz à sushi cru
10 grosses crevettes
cuites décortiquées

1. Préparez le riz selon la technique expliquée p. 9.
2. Laissez totalement refroidir, sans mettre au réfrigérateur.
3. Découpez les crevettes par la face ventrale de façon à pouvoir les ouvrir en deux. Veillez à ne pas les couper entièrement en laissant la dernière épaisseur de chair entière.
4. Formez un pavé de riz à l'aide d'un moule à sushis. Si vous n'en avez pas, mouillez-vous les mains et prélevez une boulette de riz. Tassez-la pour lui donner forme.
5. Plaquez une crevette ouverte sur le pavé de riz.
6. Tassez entre vos mains mouillées pour maintenir le sushi.

Sushis de Saint-Jacques

Pour 10 sushis
Préparation : 15 min
Sans cuisson

120 g de riz à sushi cru
4 noix de Saint-Jacques (environ 100 g)
1 bouquet de ciboulette

1. Préparez le riz selon la technique expliquée p. 9.
2. Laissez totalement refroidir, sans mettre au réfrigérateur.
3. Découpez les Saint-Jacques en fines tranches. Hachez la ciboulette.
4. Formez un pavé de riz à l'aide d'un moule à sushis. Si vous n'en avez pas, mouillez-vous les mains et prélevez une boulette de riz. Tassez-la de façon à lui donner forme.
5. Roulez le pavé de riz dans la ciboulette hachée.
6. Déposez dessus des lamelles de Saint-Jacques, pressez légèrement.

Sushis de cabillaud et chutney de mangue

Pour 10 à 12 sushis
Préparation : 25 min
Cuisson : 15 min

120 g de riz à sushi cru
100 g de cabillaud

Pour le chutney
80 g de mangue (1 tranche)
1 échalote
1 cuillerée à café d'huile
1 cuillerée à soupe de vinaigre de cidre
2 cuillerées à soupe de sucre
½ cuillerée à café de gingembre frais
sel, poivre

1. Préparez le riz selon la technique expliquée p. 9. Laissez totalement refroidir, sans mettre au réfrigérateur.
2. Préparez le chutney : coupez la mangue en petits dés. Hachez finement l'échalote.
3. Placez la mangue et l'échalote dans une sauteuse chaude huilée, faites revenir quelques secondes à feu très vif. Ajoutez ensuite le vinaigre, le sucre et le gingembre. Salez, poivrez.
4. Faites compoter à feu moyen en remuant durant 5 à 10 minutes. Lorsque la chair se défait, laissez épaissir encore quelques instants puis assaisonnez et laissez refroidir.
5. Découpez le cabillaud en fines lamelles.
6. Formez un pavé de riz à l'aide d'un moule à sushis. Si vous n'en avez pas, mouillez-vous les mains et prélevez une boulette de riz. Tassez-la de façon à lui donner forme.
7. Déposez dessus des lamelles de cabillaud, tassez entre vos mains mouillées pour maintenir le sushi puis répartissez un peu de chutney sur chaque sushi.

Sushis jambon-fromage pour les petits

Pour 15 sushis
Préparation : 20 min
Sans cuisson

120 g de riz cru
2 tranches de jambon blanc
20 à 40 g de fromage en tranches, type gruyère ou emmental

1. Préparez le riz selon la technique expliquée p. 9.
2. Mouillez-vous les mains, prélevez une boulette de riz et tassez-la dans un emporte-pièce.
3. Démoulez délicatement en poussant sur les cotés pour préserver la forme donnée.
4. Découpez avec le même emporte-pièce des formes dans le jambon, pressez-les délicatement sur le riz. Tassez entre vos mains mouillées pour maintenir le sushi.
5. Découpez des morceaux de fromage plus petits et déposez les dessus.

Astuce : pensez aux petits, ne faites pas de trop gros sushis sans quoi ils peineront à les manger !

Sushis rondelles de courgette au citron

Pour 8 à 10 sushis
Préparation : 20 min
Cuisson : 10 min
Marinade : 2 h

120 g de riz à sushi cru
1 mini-courgette
le jus de ½ citron
3 brins d'aneth
1 pincée de sel

1. À l'aide d'une mandoline, coupez la courgette en fines rondelles. Déposez-les dans un saladier avec le jus de citron, l'aneth ciselé et le sel. Mélangez bien et laissez mariner 2 heures.
2. Préparez le riz selon la technique expliquée p. 9.
3. Laissez totalement refroidir, sans mettre au réfrigérateur.
4. Mouillez-vous les mains et prélevez une boulette de riz. Tassez-la pour lui donner forme, plaquez dessus 5 petites rondelles de courgettes.
5. Tassez entre vos mains mouillées pour maintenir le sushi.

Sushis canard fumé-orange

Pour 8 à 10 sushis
Préparation : 20 min
Cuisson : 10 min

120 g de riz à sushi cru
1 orange
10 tranches de magret de canard fumé
1 feuille d'algue nori

1. Préparez le riz selon la technique expliquée p. 9.
2. Laissez totalement refroidir, sans mettre au réfrigérateur.
3. Pelez l'orange à vif et prélevez les suprêmes en découpant chaque quartier de chair sans la fine peau blanche.
4. Mouillez-vous les mains et prélevez une boulette de riz. Tassez-la pour lui donner forme, plaquez dessus une tranche de magret fumé et un quartier d'orange.
5. Tassez entre vos mains mouillées pour maintenir le sushi. Ceinturez-les d'une petite bande de nori fixée sur le dessous du sushi.

Sushis de légumes croquants

Pour 10 sushis
Préparation : 30 min
Sans cuisson

120 g de riz à sushi cru
¼ de poivron
(de la couleur de votre choix)
1 tronçon de 5 cm de carotte
1 tronçon de 5 cm
de courgette
1 feuille de nori

1. Préparez le riz selon la technique expliquée p. 9.
2. Laissez totalement refroidir, sans mettre au réfrigérateur.
3. Découpez de longues bandes de nori de 1,5 cm de large.
4. Découpez de fins bâtonnets de légumes.
5. Formez un pavé de riz à l'aide d'un moule à sushis.
6. Si vous n'en avez pas, mouillez-vous les mains et prélevez une boulette de riz. Tassez-la pour lui donner forme.
7. Déposez des bâtonnets de légumes au creux de votre main. Posez par-dessus la boulette de riz façonnée. Enroulez l'ensemble en le ceinturant avec une bande de nori. Découpez l'excédent d'algue.

Sushis à l'omelette façon japonaise

Pour 8 sushis
Préparation : 25 min
Cuisson : 10 min

120 g de riz à sushi cru
2 œufs
1 cuillerée à soupe d'huile
+ 1 cuillerée à café
pour la crêpière
½ feuille de nori
sel

1. Préparez le riz selon la technique expliquée p. 9. Laissez totalement refroidir, sans mettre au réfrigérateur.
2. Battez les œufs en omelette, ajoutez l'huile et le sel. Versez dans une grande crêpière de 30 cm, huilée et légèrement chauffée. Lorsque l'œuf commence à cuire à la surface de l'omelette, roulez-la délicatement en la soulevant avec une spatule. Si vous ne disposez pas d'une crêpière assez grande, procédez en deux omelettes de façon à avoir une surface suffisante d'omelette sans en augmenter l'épaisseur.
3. Découpez-la en rectangles.
4. Formez un pavé de riz à l'aide d'un moule à sushis. Si vous n'en avez pas, mouillez-vous les mains et prélevez une boulette de riz. Tassez-la pour lui donner forme. Plaquez dessus un morceau d'omelette.
5. Tassez entre vos mains mouillées pour maintenir le sushi.
6. Ceinturez-la d'une petite bande de nori fixée sous le sushi.

Sushis tout ronds à la Saint-Jacques

Pour environ 10 à 12 sushis
Préparation : 20 min
Cuisson : 10 min

120 g de riz à sushi cru
4 ou 5 grosses noix de Saint-Jacques

1. Préparez le riz selon la technique expliquée p. 9.
2. Laissez totalement refroidir, sans mettre au réfrigérateur.
3. Émincez les Saint-Jacques en fines rondelles. Vous pouvez les mettre 25 minutes au congélateur pour les durcir et faciliter la découpe.
4. Mouillez-vous les mains et prélevez une boulette de riz. Tassez-la pour lui donner une forme ronde, plaquez dessus une lamelle de Saint-Jacques.
5. Tassez entre vos mains mouillées pour maintenir le sushi.

Sushis cœur au saumon fumé

Pour 15 sushis
Préparation : 15 min
Sans cuisson

120 g de riz à sushi cru
120 g de saumon fumé

1. Préparez le riz selon la technique expliquée p. 9.
2. Laissez totalement refroidir, sans mettre au réfrigérateur.
3. À l'aide d'un emporte-pièce, découpez des cœurs dans le saumon fumé. Vous pourrez avoir besoin de redessiner les contours au couteau.
4. Maintenez fermement l'emporte-pièce avec le saumon fumé au fond, garnissez de riz après vous être mouillé les mains.
5. Tassez de façon à obtenir un sushi bien ferme, démoulez-le en maintenant le riz en place du bout des doigts.
6. Retournez le sushi pour avoir le saumon fumé au-dessus, décorez à votre goût et gardez au frais avant de servir.

Sushis cœur aux poivrons grillés

Pour 12 à 15 sushis
Préparation : 20 min
Cuisson : 10 min
Repos : 2 h

120 g de riz à sushi cru
2 à 3 poivrons rouges

1. Préparez le riz selon la technique expliquée p. 9.
2. Laissez totalement refroidir, sans mettre au réfrigérateur.
3. Faites cuire les poivrons 15 minutes dans le four préchauffé à 200 °C. Sortez-les du four et enveloppez-les dans du papier d'aluminium. Laissez tiédir.
4. Retirez les graines et les parties fibreuses des poivrons. Détaillez la chair en cœur à l'aide d'un emporte-pièce.
5. Mouillez-vous les mains et prélevez une boulette de riz. Tassez-la dans l'emporte-pièce pour lui donner une forme de cœur, plaquez dessus une tranche de poivron.
6. Tassez bien et démoulez délicatement le sushi.
7. Renouvelez l'opération avec le reste des ingrédients.

Sushis aux œufs de saumon

Pour 8 à 10 sushis
Préparation : 15 min
Sans cuisson

100 g de riz à sushi cru
100 g d'œufs de saumon
2 feuilles de nori

1. Préparez le riz selon la technique expliquée p. 9.
2. Laissez totalement refroidir, sans mettre au réfrigérateur.
3. Prélevez de petites boulettes de riz et compressez-les de façon à ce qu'elles se maintiennent.
4. Découpez des bandes de nori de 3 cm de large.
5. Enroulez chaque boulette de riz dans une bandelette de nori de façon à laisser un bord dépasser pour former une cuvette. Si besoin, pour la coller sur elle-même, écrasez un peu de riz dessus.
6. Garnissez la cuvette ainsi formée d'œufs de saumon.
7. Réservez au frais avant de servir.

Makis saumon, ananas et avocat

Pour 12 makis
Préparation : 30 min
Cuisson : 25 min
Repos : 1 h

120 g de riz à sushi cru
80 g de saumon
½ avocat
1 tranche d'ananas frais
2 feuilles de nori

1. Préparez le riz à l'avance selon la technique expliquée p. 9.
2. Coupez le saumon en bâtonnets d'environ 1 cm d'épaisseur. Pelez l'avocat et émincez la chair en lamelles. Arrosez-les de quelques gouttes de citron pour éviter qu'elles noircissent. Coupez l'ananas en bâtonnets.
3. Posez la natte à rouler sur le plan de travail. Déposez une feuille de nori dessus. Trempez vos mains dans un peu d'eau. Prenez une poignée de riz, étalez-la sur la feuille de nori en laissant un espace d'environ 1 cm de large en haut de la feuille.
4. Déposez la moitié des lamelles de saumon, d'avocat et d'ananas sur toute la largeur.
5. Enroulez en serrant bien à l'aide de la natte. Renouvelez l'opération avec le reste des ingrédients.
6. Puis coupez les rouleaux en 6 morceaux, en humidifiant la lame du couteau entre chaque découpe.

Makis thon cuit-concombre

Pour 12 makis
Préparation : 20 min
Cuisson : 20 min
Repos : 1 h

120 g de riz à sushi cru
50 g de thon en boîte
1 morceau de concombre d'environ 10 cm
2 feuilles de nori

1. Préparez le riz à l'avance, selon la technique expliquée p. 9.
2. Émiettez le thon cuit. Coupez le concombre, retirez les graines et émincez la chair en julienne.
3. Posez la natte à rouler sur le plan de travail. Déposez une feuille de nori dessus. Trempez vos mains dans un peu d'eau. Prenez une poignée de riz, étalez-la sur la feuille de nori en laissant un espace d'environ 1 cm de large en haut de la feuille.
4. Déposez la moitié des bâtonnets de concombre et du thon émietté sur toute la largeur de la feuille.
5. Enroulez en serrant bien à l'aide de la natte. Renouvelez l'opération avec le reste des ingrédients.
6. Puis coupez les rouleaux en 6 morceaux, en humidifiant la lame du couteau entre chaque découpe.

Makis au potimarron grillé

Pour 12 makis
Préparation : 30 min
Cuisson : 15 min
Repos : 1 h

120 g de riz à sushi cru
3 cuillerées à soupe de vinaigre assaisonné pour sushi et maki
½ potimarron
2 feuilles de nori

1. Préparez le riz selon la technique expliquée p. 9. Laissez totalement refroidir, sans mettre au réfrigérateur.
2. Lavez soigneusement la peau du potimarron. Coupez-le en fines tranches.
3. Faites-les revenir dans une poêle bien chaude, avec un filet d'huile d'olive. Laissez cuire 2 à 3 minutes puis retournez les morceaux. Couvrez et poursuivez la cuisson 3 à 4 minutes, jusqu'à ce qu'ils soient bien tendres.
4. Posez la natte à rouler sur le plan de travail. Déposez une feuille d'algue de nori dessus. Trempez vos mains dans un peu d'eau. Prenez une poignée de riz, étalez-la sur la feuille de nori en laissant un espace d'environ 1 cm de large en haut de la feuille.
5. Disposez la moitié des lamelles de potimarron sur toute la largeur.
6. Enroulez en serrant bien avec la natte. Renouvelez l'opération avec le reste des ingrédients.
7. Coupez chaque rouleau en 6 morceaux, en humidifiant la lame du couteau à chaque fois.

Makis avocat-feta

Pour 12 makis
Préparation : 20 min
Cuisson : 20 min
Repos : 1 h

120 g de riz à sushi cru
½ avocat
50 g de feta
2 feuilles de nori

1. Préparez le riz selon la technique expliquée p. 9.
2. Pelez l'avocat et émincez la chair en lamelles. Coupez la feta en bâtonnets.
3. Posez la natte à rouler sur le plan de travail. Déposez une feuille de nori dessus. Trempez vos mains dans un peu d'eau. Prenez une poignée de riz, étalez-la sur la feuille de nori en laissant un espace d'environ 1 cm de large en haut de la feuille.
4. Disposez la moitié des lamelles d'avocat et des bâtonnets de feta sur toute la largeur.
5. Enroulez en serrant bien avec la natte. Renouvelez l'opération avec le reste des ingrédients.
6. Puis coupez les rouleaux en 6 morceaux, en humidifiant la lame du couteau entre chaque découpe.

Makis jambon cru-melon

Pour 12 makis
Préparation : 20 min
Cuisson : 20 min
Repos : 1 h

120 g de riz à sushi cru
1 à 2 tranches de jambon cru
2 tranches de melon
2 feuilles de nori

1. Préparez le riz selon la technique expliquée p. 9.
2. Coupez le jambon en deux dans le sens de la longueur. Coupez le melon en bâtonnets.
3. Posez la natte à rouler sur le plan de travail. Déposez une feuille de nori dessus. Trempez vos mains dans un peu d'eau. Prenez une poignée de riz, étalez-la sur la feuille de nori en laissant un espace d'environ 1 cm de large en haut de la feuille.
4. Disposez la moitié des lamelles de melon et du jambon chiffonné.
5. Enroulez en serrant bien avec la natte. Renouvelez l'opération avec le reste des ingrédients.
6. Puis coupez les rouleaux en 6 morceaux, en humidifiant la lame du couteau entre chaque découpe.

Makis maquereau fumé-avocat

Pour 12 makis
Préparation : 30 min
Cuisson : 25 min
Repos : 1 h

120 g de riz à sushi cru
1 filet de maquereau fumé
½ avocat
2 feuilles de nori

1. Préparez le riz à l'avance, selon la technique expliquée en p. 9.
2. Coupez le filet de maquereau en bâtonnets d'environ 1 cm d'épaisseur. Pelez l'avocat et émincez la chair en lamelles. Arrosez-les de quelques gouttes de citron pour éviter qu'elles noircissent.
3. Posez la natte à rouler sur le plan de travail. Déposez une feuille de nori dessus. Trempez vos mains dans un peu d'eau. Prenez une poignée de riz, étalez-la sur la feuille de nori en laissant un espace d'environ 1 cm de large en haut de la feuille.
4. Déposez la moitié des lamelles de maquereau et d'avocat sur toute la largeur.
5. Enroulez en serrant bien à l'aide de la natte. Renouvelez l'opération avec le reste des ingrédients.
6. Puis coupez les rouleaux en 6 morceaux, en humidifiant la lame du couteau entre chaque découpe.

Makis foie gras-figue

Pour 12 makis
Préparation : 15 min
Sans cuisson

120 g de riz à sushi cru
80 g de foie gras
2 figues sèches moelleuses
2 feuilles de nori

1. Préparez le riz selon la technique expliquée p. 9.
2. Laissez totalement refroidir, sans mettre au réfrigérateur.
3. Coupez les figues et le foie gras en bâtonnets.
4. Posez la natte à rouler sur le plan de travail. Déposez une feuille de nori dessus. Trempez vos mains dans un peu d'eau. Prenez une poignée de riz, étalez-la sur la feuille de nori en laissant un espace d'environ 1 cm de large en haut de la feuille.
5. Déposez la moitié des figues et du foie gras sur le riz, sur toute la largeur.
6. Enroulez en serrant bien avec la natte. Renouvelez l'opération avec le reste des ingrédients.
7. Coupez chaque rouleau en 6 makis en nettoyant et en humidifiant la lame entre chaque découpe.

Makis maquereau-orange

Pour 12 makis
Préparation : 20 min
Sans cuisson

120 g de riz à sushi cru
80 g de maquereau fumé
1 orange
2 feuilles de nori

1. Préparez le riz selon la technique expliquée p. 9.
2. Laissez totalement refroidir, sans mettre au réfrigérateur.
3. Pelez l'orange à vif et détaillez-en les suprêmes.
4. Ôtez la peau du filet de maquereau fumé et coupez-le en 2 longs bâtonnets.
5. Posez la natte à rouler sur le plan de travail. Déposez une feuille de nori dessus. Trempez vos mains dans un peu d'eau. Prenez une poignée de riz, étalez-la sur la feuille de nori en laissant un espace d'environ 1 cm de large en haut de la feuille.
6. Déposez la moitié du maquereau fumé et des suprêmes d'orange sur le riz, sur toute la largeur de la feuille.
7. Enroulez en serrant bien avec la natte. Renouvelez l'opération avec le reste des ingrédients.
8. Puis coupez les rouleaux en 6 morceaux, en humidifiant la lame du couteau entre chaque découpe.

Makis au surimi, pomme et estragon

Pour 12 makis
Préparation : 20 min
Sans cuisson

120 g de riz à sushi cru
5 bâtonnets de surimi
½ pomme verte
(type granny smith)
10 brins d'estragon
2 feuilles de nori

1. Préparez le riz selon la technique expliquée p. 9.
2. Laissez totalement refroidir, sans mettre au réfrigérateur.
3. Pelez la pomme et coupez-la en bâtonnets. Effeuillez l'estragon.
4. Posez la natte à rouler sur le plan de travail. Déposez une feuille de nori dessus. Trempez vos mains dans un peu d'eau. Prenez une poignée de riz, étalez-la sur la feuille de nori en laissant un espace d'environ 1 cm de large en haut de la feuille.
5. Déposez la moitié du surimi, des feuilles d'estragon et des morceaux de pomme sur le riz, sur toute la largeur de la feuille.
6. Enroulez en serrant bien avec la natte. Renouvelez l'opération avec le reste des ingrédients.
7. Puis coupez les rouleaux en 6 morceaux, en humidifiant la lame du couteau entre chaque découpe.

Makis au saumon, avocat et Savora®

Pour 12 makis
Préparation : 30 min
Cuisson : 25 min
Repos : 1 h

120 g de riz à sushi cru
80 g de saumon
½ avocat
6 cuillerées à café de Savora®
2 feuilles de nori

1. Préparez le riz à l'avance, selon la technique expliquée p. 9.
2. Coupez le saumon en bâtonnets d'environ 1 cm d'épaisseur. Pelez l'avocat et émincez la chair en lamelles. Arrosez-les de quelques gouttes de citron pour éviter qu'elles noircissent.
3. Posez la natte à rouler sur le plan de travail. Déposez une feuille de nori dessus. Trempez vos mains dans un peu d'eau. Prenez une poignée de riz, étalez-la sur la feuille de nori en laissant un espace d'environ 1 cm de large en haut de la feuille.
4. Étalez une fine ligne de Savora® sur le riz, dans la largeur, au centre de la feuille. Puis déposez la moitié des lamelles de saumon et d'avocat sur toute la largeur.
5. Enroulez en serrant bien avec la natte. Renouvelez l'opération avec le reste des ingrédients.
6. Puis coupez les rouleaux en 6 morceaux, en humidifiant la lame du couteau entre chaque découpe.

Makis aux noix, comté et pomme

Pour 12 makis
Préparation : 20 min
Sans cuisson

120 g de riz à sushi cru
½ pomme verte
(type granny smith)
80 g de comté
2 à 3 cuillerées
à soupe de noix
2 feuilles de nori

1. Préparez le riz selon la technique expliquée p. 9.
2. Laissez totalement refroidir, sans mettre au réfrigérateur.
3. Coupez de longs bâtonnets de pomme et de comté. Hachez les noix au couteau.
4. Posez la natte à rouler sur le plan de travail. Déposez une feuille d'algue nori dessus. Trempez vos mains dans un peu d'eau. Prenez une poignée de riz, étalez-la sur la feuille de nori en laissant un espace d'environ 1 cm de large en haut de la feuille.
5. Saupoudrez de noix hachées. Déposez la moitié des morceaux de comté et de pomme sur le riz, sur toute la largeur.
6. Enroulez en serrant bien à l'aide de la natte. Renouvelez l'opération avec le reste des ingrédients.
7. Coupez chaque rouleau en 6 morceaux, en humidifiant la lame du couteau entre chaque découpe.

Makis au saumon, mangue et graines germées

Pour 12 makis
Préparation : 20 min
Sans cuisson

120 g de riz à sushi cru
100 g de saumon
70 g de mangue
20 g de graines germées
2 feuilles de nori

1. Préparez le riz selon la technique expliquée p. 9.
2. Laissez totalement refroidir, sans mettre au réfrigérateur.
3. Coupez le saumon et la mangue en longs bâtonnets.
4. Posez la natte à rouler sur le plan de travail. Déposez une feuille de nori dessus. Trempez vos mains dans un peu d'eau. Prenez une poignée de riz, étalez-la sur la feuille de nori en laissant un espace d'environ 1 cm de large en haut de la feuille.
5. Déposez la moitié du saumon, de la mangue et des graines germées sur le riz, sur toute la largeur.
6. Enroulez en serrant bien à l'aide de la natte. Renouvelez l'opération avec le reste des ingrédients.
7. Puis coupez les rouleaux en 6 morceaux, en humidifiant la lame du couteau entre chaque découpe.
8. Réservez au frais avant de servir.

Makis poivron-chèvre

Pour 12 makis
Préparation : 30 min
Sans cuisson

120 g de riz à sushi cru
1 poivron rouge
100 g de fromage de chèvre (type bûchette)
2 feuilles de nori
thym

1. Préparez le riz selon la technique expliquée p. 9.
2. Préchauffez le four à 200 °C (th. 6-7) et placez-y le poivron 15 minutes. Sortez-le du four et enveloppez-le dans du papier d'aluminium. Laissez tiédir.
3. Sortez le poivron et pelez-le. Coupez-le en quatre, ôtez les graines et les parties fibreuses.
4. Posez la natte à rouler sur le plan de travail. Déposez une feuille de nori dessus. Trempez vos mains dans un peu d'eau. Prenez une poignée de riz, étalez-la sur la feuille de nori en laissant un espace d'environ 1 cm de large en haut de la feuille.
5. Séchez les morceaux de poivron avec un essuie-tout. Déposez-en la moitié sur le riz, sur toute la largeur. Déposez la moitié du chèvre par-dessus.
6. Enroulez en maintenant bien serré à l'aide de la natte. Renouvelez l'opération avec les ingrédients restants.
7. Puis coupez les rouleaux en 6 morceaux, en humidifiant la lame du couteau entre chaque découpe.
8. Parsemez de thym avant de servir.

Makis au safran, thon et tomate

Pour 12 makis
Préparation : 20 min
Sans cuisson

120 g de riz à sushi cru
1 dose de safran
1 tomate
100 g de thon
2 feuilles de nori

1. Préparez le riz selon la technique expliquée p. 9, en ajoutant une dosette de safran dans l'eau de cuisson.
2. Laissez totalement refroidir, sans mettre au réfrigérateur.
3. Pelez et coupez en morceaux rectangulaires la tomate et le thon.
4. Posez la natte à rouler sur le plan de travail. Déposez une feuille de nori dessus. Trempez vos mains dans un peu d'eau. Prenez une poignée de riz, étalez-la sur la feuille de nori en laissant un espace d'environ 1 cm de large en haut de la feuille.
5. Déposez la moitié des morceaux de thon et de tomate sur le riz, sur toute la largeur.
6. Enroulez en serrant bien à l'aide de la natte. Renouvelez l'opération avec le reste des ingrédients.
7. Puis coupez les rouleaux en 6 morceaux, en humidifiant la lame du couteau entre chaque découpe.

Makis roses betterave-daurade

Pour 12 makis
Préparation : 20 min
Sans cuisson

120 g de riz à sushi cru
50 g de betterave cuite sous vide
80 g de daurade
2 feuilles de nori

1. Préparez le riz selon la technique expliquée p. 9.
2. Hachez très finement la betterave et ajoutez-la au riz cuit et vinaigré lorsqu'il est encore chaud.
3. Mélangez délicatement et laissez refroidir.
4. Coupez la daurade en bâtonnets.
5. Posez la natte à rouler sur le plan de travail. Déposez une feuille de nori dessus. Trempez vos mains dans un peu d'eau. Prenez une poignée de riz, étalez-la sur la feuille de nori en laissant un espace d'environ 1 cm de large en haut de la feuille.
6. Déposez la moitié du poisson sur le riz, sur toute la largeur.
7. Enroulez en serrant bien avec la natte. Renouvelez l'opération avec le reste des ingrédients.
8. Puis coupez les rouleaux en 6 morceaux, en humidifiant la lame du couteau entre chaque découpe.

Makis étoile haricots verts-surimi

Pour 12 makis
Préparation : 20 min
Sans cuisson

120 g de riz à sushi cru
60 g de haricots verts
6 bâtonnets de surimi
2 feuilles de nori
sel

1. Préparez le riz selon la technique expliquée p. 9.
2. Laissez totalement refroidir, sans mettre au réfrigérateur.
3. Faites cuire les haricots verts équeutés dans un grand volume d'eau bouillante salée durant 10 minutes, laissez refroidir.
4. Posez la natte à rouler sur le plan de travail. Déposez une feuille de nori dessus. Trempez vos mains dans un peu d'eau. Prenez une poignée de riz, étalez-la sur la feuille de nori en laissant un espace d'environ 1 cm de large en haut de la feuille.
5. Déroulez le surimi et enroulez dedans les haricots verts cuits. Déposez la moitié de cette garniture sur le riz, sur toute la largeur.
6. Enroulez en serrant bien avec la natte. Renouvelez l'opération avec le reste des ingrédients.
7. Coupez chaque rouleau en 6 morceaux, en humidifiant la lame du couteau entre chaque découpe.

Makis saumon fumé-courgette

Pour 12 makis
Préparation : 25 min
+ 2 heures de marinade
Sans cuisson

120 g de riz à sushi cru
180 g de saumon fumé
2 longs bâtonnets de courgette (40 g environ)
1 citron
4 cuillerées à soupe d'huile d'olive
sel

1. Préparez le riz selon la technique expliquée p. 9. Laissez totalement refroidir, sans mettre au réfrigérateur.
2. Pressez le jus du citron. Versez-le sur les courgettes. Salez et arrosez d'huile.
3. Laissez mariner 2 heures au frais, en les retournant de temps en temps.
4. Enveloppez la natte de film alimentaire.
5. Déposez du saumon fumé dessus pour obtenir un rectangle de 10 cm x 15 cm environ (la dimension habituellement utilisée avec la feuille de nori).
6. Répartissez la moitié du riz et 1 bâtonnet de courgette au centre. Renouvelez l'opération avec le reste des ingrédients.
7. Enroulez comme pour des makis traditionnels (voir technique de roulage p. 12), en maintenant bien en place la courgette et le saumon.

Mon conseil : attendez d'être parfaitement à l'aise avec la fabrication des makis pour vous lancer dans cette recette, elle demande une certaine dextérité, le saumon ne tenant pas aussi bien que la feuille de nori.

Spring rolls crevette-asperge

Pour 12 spring rolls
Préparation : 25 min
Sans cuisson

120 g de riz à sushi cru
2 asperges
6 grosses crevettes cuites
2 feuilles de riz
20 brins de ciboulette
sel

1. Préparez le riz selon la technique expliquée p. 9. Laissez totalement refroidir, sans mettre au réfrigérateur.
2. Plongez les asperges 8 minutes dans de l'eau bouillante salée, puis refroidissez-les dans de l'eau glacée.
3. Faites de petites entailles sur la face ventrale des crevettes, de façon à pouvoir les aplatir.
4. Enveloppez la natte de film alimentaire. Plongez 1 feuille de riz dans de l'eau chaude et laissez-la se réhydrater sur la natte durant 3 minutes.
5. Disposez des brins de ciboulette sur toute la largeur de la feuille, puis répartissez la moitié du riz jusqu'aux deux tiers.
6. Placez 3 crevettes et 1 asperge au centre et façonnez les spring rolls selon la technique indiquée p. 12.
7. Renouvelez l'opération avec le reste des ingrédients. Prenez soin de tenir les rouleaux éloignés les uns des autres pour éviter qu'ils ne collent.
8. Puis coupez délicatement les rouleaux en 6 morceaux, en humidifiant la lame du couteau entre chaque découpe.

Spring rolls thon cuit-avocat

Pour 12 spring rolls
Préparation : 25 min
Cuisson : 10 min
Repos : 10 min

120 g de riz à sushi
50 g de thon cuit
½ avocat
½ cuillerée à café de graines de pavot
2 feuilles de riz

1. Préparez le riz selon la technique expliquée p. 9. Laissez totalement refroidir, sans mettre au réfrigerateur.
2. Émiettez le thon. Coupez l'avocat en lamelles.
3. Enveloppez la natte de film alimentaire. Plongez une feuille de riz dans de l'eau chaude et laissez-la se réhydrater sur la natte durant 1 minute.
4. Saupoudrez de graines de pavot et répartissez du riz dans la largeur, jusqu'aux deux tiers.
5. Placez une rangée d'avocat et de thon et façonnez les makis selon la méthode indiquée p. 12.
6. Renouvelez l'opération avec le reste des ingrédients. Prenez soin de tenir les rouleaux éloignés les uns des autres pour éviter qu'ils ne se collent.
7. Puis coupez délicatement les rouleaux en 6 morceaux, en humidifiant la lame du couteau entre chaque découpe.

Spring rolls aux crevettes, pamplemousse et aneth

Pour 12 spring rolls
Préparation : 25 min
Cuisson : 10 min
Repos : 10 min

120 g de riz à sushi cru
6 quartiers de pamplemousse
6 à 8 grosses crevettes
quelques brins d'aneth
2 feuilles de riz

1. Préparez le riz selon la technique expliquée p. 9. Laissez totalement refroidir, sans mettre au réfrigerateur.
2. Si les crevettes sont trop grosses, coupez-les en deux.
3. Enveloppez la natte de film alimentaire. Plongez une feuille de riz dans de l'eau chaude et laissez-la se réhydrater sur la natte durant 1 minute.
4. Déposez quelques brins d'aneth sur la feuille et répartissez du riz dans la largeur, jusqu'aux deux tiers.
5. Placez une rangée de crevettes et de pamplemousse et façonnez les makis selon la méthode indiquée p. 12.
6. Renouvelez l'opération avec le reste des ingredients. Prenez soin de tenir les rouleaux éloignés les uns des autres pour éviter qu'ils ne se collent.
7. Puis coupez délicatement les rouleaux en 6 morceaux, en humidifiant la lame du couteau entre chaque découpe.

Spring rolls au crabe, avocat et menthe

Pour 12 spring rolls
Préparation : 20 min
Sans cuisson

120 g de riz à sushi cru
½ avocat
6 à 8 feuilles de menthe
100 g de chair
de crabe égouttée
1 zeste de citron vert
2 feuilles de riz

1. Préparez le riz selon la technique expliquée p. 9.
2. Laissez totalement refroidir, sans mettre au réfrigérateur.
3. Coupez l'avocat en bâtonnets.
4. Enveloppez la natte de film alimentaire. Plongez une feuille de riz dans de l'eau chaude et laissez-la se réhydrater sur la natte durant 3 minutes.
5. Disposez des feuilles de menthe sur la feuille, puis répartissez la moitié du riz jusqu'aux deux tiers de la feuille.
6. Placez la chair de crabe et le zeste de citron vert haché sur toute la longueur et façonnez les makis selon la technique indiquée p. 12. Renouvelez l'opération avec le reste des ingrédients.
7. Prenez soin de tenir les rouleaux éloignés les uns des autres pour éviter qu'ils ne se collent.
8. Puis coupez délicatement les rouleaux en 6 morceaux, en humidifiant la lame du couteau entre chaque découpe.

Spring rolls avocat-fromage frais

Pour 12 spring rolls
Préparation : 25 min
Cuisson : 10 min
Repos : 10 min

120 g de riz à sushi cru
½ avocat
30 g de fromage frais
½ cuillerée à café
de graines de sésame noir
2 feuilles de riz

1. Préparez le riz selon la technique expliquée p. 9. Laissez-le refroidir
2. Coupez l'avocat en lamelles.
3. Enveloppez la natte de film alimentaire. Plongez une feuille de riz dans de l'eau chaude et laissez-la se réhydrater sur la natte durant 1 minute.
4. Saupoudrez de graines de sésame et répartissez du riz dans la largeur, jusqu'aux deux tiers.
5. Placez une rangée d'avocat et de fromage frais et façonnez les makis selon la méthode indiquée p. 12. Renouvelez l'opération avec le reste des ingrédients.
6. Prenez soin de tenir les rouleaux éloignés les uns des autres pour éviter qu'ils ne se collent.
7. Puis coupez délicatement les rouleaux en 6 morceaux, en humidifiant la lame du couteau entre chaque découpe.

Spring rolls à l'avocat, tomate et sésame

Pour 12 spring rolls
Préparation : 25 min
Cuisson : 10 min
Repos : 10 min

120 g de riz à sushi cru
1 cuillerée à soupe de concentré de tomates
½ avocat
1 cuillerée à café de graines de sésame au wasabi
2 feuilles de riz

1. Préparez le riz selon la technique expliquée p. 9 en ajoutant le concentré de tomates dans l'eau de cuisson. Laissez-le refroidir totalement, sans mettre au réfrigérateur.
2. Coupez l'avocat en lamelles.
3. Enveloppez la natte de film alimentaire. Plongez une feuille de riz dans de l'eau chaude et laissez-la se réhydrater sur la natte durant 1 minute.
4. Saupoudrez de graines de sésame et répartissez du riz dans la largeur, jusqu'aux deux tiers.
5. Placez une rangée d'avocats et façonnez les makis selon la méthode indiquée p. 12. Renouvelez l'opération avec le reste des ingrédients.
6. Prenez soin de tenir les rouleaux éloignés les uns des autres pour éviter qu'ils ne se collent.
7. Puis coupez délicatement les rouleaux en 6 morceaux, en humidifiant la lame du couteau entre chaque découpe.

Spring rolls sardine, orange et wasabi

Pour 12 spring rolls
Préparation : 25 min
Cuisson : 10 min
Repos : 10 min

120 g de riz à sushi cru
1 petite boîte de filet de sardines
6 quartiers d'orange
2 feuilles de riz

1. Préparez le riz selon la technique expliquée p. 9. Laissez-le refroidir totalement, sans mettre au réfrigérateur.
2. Coupez l'avocat en lamelles.
3. Enveloppez la natte de film alimentaire. Plongez une feuille de riz dans de l'eau chaude et laissez-la se réhydrater sur la natte durant 1 minute.
4. Répartissez du riz dans la largueur, jusqu'aux deux tiers.
5. Placez une rangée d'orange et de sardine et façonnez les makis selon la méthode indiquée p. 12. Renouvelez l'opération avec le reste des ingrédients.
6. Prenez soin de tenir les rouleaux éloignés les uns des autres pour éviter qu'ils ne se collent.
7. Puis coupez délicatement les rouleaux en 6 morceaux, en humidifiant la lame du couteau entre chaque découpe.

California makis saumon-avocat

Pour 12 california makis
Préparation : 20 min
Sans cuisson

140 g de riz à sushi cru
90 g de saumon
1 avocat
1 cuillerée à soupe
de graines de sésame
1 feuille de nori

1. Préparez le riz selon la technique expliquée p. 9.
2. Laissez totalement refroidir, sans mettre au réfrigérateur.
3. Détaillez l'avocat et le saumon en bâtonnets.
4. Enroulez la natte en bambou dans du film alimentaire. Déposez dessus une demi-feuille de nori. Couvrez-la de riz en tassant avec les mains humides.
5. Retournez la feuille d'algue côté riz sur le dessous. Déposez au centre la moitié des bâtonnets de saumon et d'avocat. Enroulez en serrant bien à l'aide de la natte. Roulez ce rouleau dans les graines de sésame. Renouvelez l'opération avec le reste des ingrédients.
6. Puis coupez délicatement les rouleaux en 6 morceaux, en humidifiant la lame du couteau entre chaque découpe.

California makis au saumon, concombre et cacahuètes

Pour 12 california makis
Préparation : 25 min
Cuisson : 10 min
Repos : 10 min

120 g de riz à sushi cru
80 g de saumon
1 morceau de concombre de 10 cm
1 cuillerée à soupe de cacahuètes concassées
1 feuille de nori, coupée en deux

1. Préparez le riz selon la technique expliquée p. 9.
2. Laissez totalement refroidir, sans mettre au réfrigérateur.
3. Coupez le saumon et le concombre en bâtonnets.
4. Enroulez la natte en bambou dans du film alimentaire. Déposez dessus une demi-feuille de nori. Couvrez-la de riz en tassant avec les mains humides. Saupoudrez de cacahuètes concassées.
5. Retournez la feuille d'algue côté riz sur le dessous. Déposez au centre des bâtonnets de saumon et de concombre. Enroulez en serrant bien à l'aide de la natte. Renouvelez l'opération avec le reste des ingrédients.
6. Puis coupez délicatement les rouleaux en 6 morceaux, en humidifiant la lame du couteau entre chaque découpe.

California makis bœuf haché-poivrons rouges

Pour 12 california makis
Préparation : 25 min
Cuisson : 10 min
Repos : 10 min

120 g de riz à sushi cru
¼ de poivron rouge
100 g de bœuf haché
1 cuillerée à soupe de sauce soja
1 tronçon de concombre de 10 cm
1 feuille de nori, coupée en deux
1 cuillerée à soupe de graines de sésame au wasabi

1. Préparez le riz selon la technique expliquée p. 9.
2. Laissez totalement refroidir, sans mettre au réfrigérateur.
3. Faites revenir le bœuf dans une poêle avec la sauce soja.
4. Coupez le concombre en deux, retirez les graines et coupez la chair en fins bâtonnets.
5. Faites griller le poivron 15 minutes au four, retirez la peau et coupez-le en fins bâtonnets.
6. Enroulez la natte en bambou dans du film alimentaire. Déposez dessus une demi-feuille de nori. Couvrez-la de riz en tassant avec les mains humides. Saupoudrez de graines de sésame.
7. Retournez la feuille d'algue côté riz sur le dessous. Déposez au centre des bâtonnets de concombre, de poivrons et du boeuf. Enroulez en serrant bien à l'aide de la natte.
7. Renouvelez l'opération avec le reste des ingrédients.
8. Puis coupez délicatement les rouleaux en 6 morceaux, en humidifiant la lame du couteau entre chaque découpe.

California makis végétariens

Pour 12 california makis
Préparation : 25 min
Sans cuisson

140 g de riz à sushi cru
3 cuillerées à soupe de pétales de bleuet
½ avocat
½ poivron rouge
1 bâtonnet de concombre de 20 cm de long
1 feuille de nori

1. Préparez le riz selon la technique expliquée p. 9.
2. Mélangez-le avec les pétales de bleuet. Laissez totalement refroidir, sans mettre au réfrigérateur.
3. Coupez la feuille de nori en deux.
4. Coupez l'avocat et le poivron en lanières.
5. Enroulez la natte en bambou dans du film alimentaire. Déposez dessus une demi-feuille de nori. Couvrez-la avec la moitié du riz en tassant avec les mains humides.
6. Retournez la feuille d'algue côté riz sur le dessous. Déposez au centre la moitié des légumes. Enroulez en serrant bien à l'aide de la natte.
Renouvelez l'opération avec le reste des ingrédients.
7. Puis coupez délicatement les rouleaux en 6 morceaux, en humidifiant la lame du couteau entre chaque découpe.

California makis à la crevette, mangue et oignons grillés

Pour 12 california makis
Préparation : 25 min
Cuisson : 10 min
Repos : 10 min

120 g de riz à sushi cru
6 grosses crevettes
¼ de mangue
1 cuillerée à soupe d'oignons grillés
1 feuille de nori, coupée en deux

1. Préparez le riz selon la technique expliquée p. 9.
2. Laissez totalement refroidir, sans mettre au réfrigérateur.
3. Coupez la mangue en bâtonnets.
4. Enroulez la natte en bambou dans du film alimentaire. Déposez dessus une demi-feuille de nori. Couvrez-la de riz en tassant avec les mains humides. Saupoudrez d'oignons grillés.
5. Retournez la feuille d'algue côté riz sur le dessous. Déposez au centre des bâtonnets de mangue et des crevettes. Enroulez en serrant bien à l'aide de la natte. Renouvelez l'opération avec le reste des ingrédients.
6. Puis coupez délicatement les rouleaux en 6 morceaux, en humidifiant la lame du couteau entre chaque découpe.

California makis au saumon, mangue et thé vert

Pour 12 california makis
Préparation : 25 min
Cuisson : 10 min
Repos : 10 min

120 g de riz à sushi cru
½ cuillerée à café de thé vert matcha
100 g de saumon
¼ de mangue
1 cuillerée à soupe de graines de sésame
1 feuille de nori, coupée en deux

1. Préparez le riz selon la technique expliquée p. 9 en ajoutant le thé vert dans l'eau de cuisson.
2. Laissez totalement refroidir, sans mettre au réfrigérateur.
3. Coupez le saumon et la mangue en bâtonnets.
4. Enroulez la natte en bambou dans du film alimentaire. Déposez dessus une demi-feuille de nori. Couvrez-la de riz en tassant avec les mains humides. Saupoudrez de graines de sésame.
5. Retournez la feuille d'algue côté riz sur le dessous. Déposez au centre des bâtonnets de saumon et de mangue. Enroulez en serrant bien à l'aide de la natte. Renouvelez l'opération avec le reste des ingrédients.
6. Puis coupez délicatement les rouleaux en 6 morceaux, en humidifiant la lame du couteau entre chaque découpe.

California makis au kaki, saumon et noisettes

Pour 12 california makis
Préparation : 25 min
Cuisson : 10 min
Repos : 10 min

120 g de riz à sushi cru
80 g de saumon
½ kaki
1 cuillerée à soupe de noisettes concassées
2 feuilles de riz

1. Préparez le riz selon la technique expliquée p. 9. Laissez refroidir totalement, sans mettre au réfrigérateur.
2. Pelez le kaki et coupez-le en bâtonnets. Coupez le saumon en bâtonnets.
3. Enveloppez la natte de film alimentaire. Plongez une feuille de riz dans de l'eau chaude et laissez-la se réhydrater sur la natte durant 1 min.
4. Saupoudrez de noisettes concassées et répartissez du riz dans la largeur, jusqu'aux deux tiers.
5. Placez une rangée de saumon et de kaki et façonnez les makis selon la méthode indiquée p. 12.
6. Prenez soin de tenir les rouleaux éloignés les uns des autres pour éviter qu'ils ne se collent.
7. Puis coupez délicatement les rouleaux en 6 morceaux, en humidifiant la lame du couteau entre chaque découpe.

California makis aux poivrons grillés, tomates séchées et tapenade

Pour 12 california makis
Préparation : 45 min
Cuisson : 25 min

120 g de riz à sushi cru
3 cuillerées à soupe de tapenade d'olives noires
10 quartiers de tomates séchées
1 gros poivron rouge
1 cuillerée à soupe de graines de sésame
1 feuille de nori coupée en deux

1. Préparez le riz selon la technique expliquée p. 9. Laissez totalement refroidir, sans mettre au réfriférateur.
2. Faites cuire le poivron 15 minutes dans le four préchauffé à 200 °C (th. 7). Sortez-le du four et enveloppez-le dans du papier d'aluminium. Laissez tiédir.
3. Sortez le poivron et pelez-le. Coupez-le en quatre, ôtez les graines et les parties fibreuses.
4. Enroulez la natte en bambou dans du film alimentaire. Déposez dessus une demi-feuille de nori. Couvrez-la de riz en tassant avec les mains humides.
5. Retournez la feuille d'algue côté riz sur le dessous. Déposez au centre une rangée de tomates séchées et de tapenade. Enroulez en serrant bien à l'aide de la natte.
6. Renouvelez l'opération avec le reste des ingrédients.
7. Puis coupez délicatement les rouleaux en 6 morceaux, en humidifiant la lame du couteau entre chaque découpe. Décorez d'une lanière de poivron grillé et de graines de sésame.

California makis au crabe

Pour 12 california makis
Préparation : 15 min
Sans cuisson

140 g de riz à sushi cru
120 g de pattes de crabe (en bâtonnets)
1 cuillerée à soupe de graines de pavot
1 feuille de nori

1. Préparez le riz selon la technique expliquée p. 9.
2. Laissez totalement refroidir, sans mettre au réfrigérateur.
3. Enroulez la natte en bambou dans du film alimentaire. Déposez dessus une demi-feuille de nori. Couvrez-la avec la moitié du riz en tassant avec les mains humides.
4. Déposez dessus une demi-feuille de nori.
5. Retournez la feuille d'algue côté riz sur le dessous. Déposez au centre la moitié du crabe. Enroulez en serrant bien à l'aide de la natte. Renouvelez l'opération avec le reste des ingrédients.
6. Roulez ces rouleaux dans les graines de pavot.
7. Puis coupez délicatement les rouleaux en 6 morceaux, en humidifiant la lame du couteau entre chaque découpe.

California makis au poivron, truite et pois gourmand

Pour 12 california makis
Préparation : 25 min
Cuisson : 8 min

140 g de riz à sushi cru
40 g de poivron jaune
6 cosses de pois gourmands (50 g environ)
80 g de truite
1 feuille de nori
1 cuillerée à soupe de sésame au wasabi
sel

1. Préparez le riz selon la technique expliquée p. 9. Laissez totalement refroidir, sans mettre au réfrigérateur.
2. Ôtez les fils des pois gourmands. Plongez-les dans un grand volume d'eau bouillante salée durant 8 minutes. Égouttez-les et refroidissez-les sous l'eau froide.
3. Détaillez le poivron en bâtonnets. Coupez la truite en bâtonnets.
4. Enroulez la natte en bambou dans du film alimentaire. Déposez dessus une demi-feuille de nori. Couvrez-la de riz en tassant avec les mains humides.
5. Retournez la feuille d'algue côté riz sur le dessous. Déposez au centre des bâtonnets de saumon et de mangue. Enroulez en serrant bien à l'aide de la natte. Renouvelez l'opération avec le reste des ingrédients. Roulez ces rouleaux dans le sésame au wasabi.
6. Puis coupez délicatement les rouleaux en 6 morceaux, en humidifiant la lame du couteau entre chaque découpe.

California makis avocat-poutargue

Pour 12 california makis
Préparation : 45 min
Cuisson : 25 min

120 g de riz à sushi cru
½ avocat
3 cuillerées à soupe de poutargue râpée
1 feuille de nori

1. Préparez le riz selon la technique expliquée p. 9.
2. Laissez totalement refroidir, sans mettre au réfrigérateur.
3. Coupez l'avocat en bâtonnets.
4. Enroulez la natte en bambou dans du film alimentaire. Déposez dessus une demi-feuille de nori. Couvrez-la de riz en tassant avec les mains humides.
5. Retournez la feuille d'algue côté riz sur le dessous. Déposez au centre des bâtonnets d'avocat Enroulez en serrant bien à l'aide de la natte.
6. Renouvelez l'opération avec le reste des ingrédients.
7. Roulez ces rouleaux dans la poutargue râpée.
8. Puis coupez délicatement les rouleaux en 6 morceaux, en humidifiant la lame du couteau entre chaque découpe.

California makis au surimi, avocat, carotte et laitue

Pour 12 california makis
Préparation : 45 min
Cuisson : 25 min

120 g de riz à sushi cru
3 bâtonnets de surimi
1 petite carotte
3 feuilles de laitue
½ avocat bien mûr
1 feuille de nori coupée en deux
1 cuillerée à soupe de graines de sésame au wasabi

1. Préparez le riz selon la technique expliquée p. 9. Laissez totalement refroidir, sans mettre au réfrigérateur.
2. Coupez les bâtonnets de surimi en deux, dans le sens de la longueur.
3. Pelez et émincez la carotte en fins bâtonnets.
4. Lavez la laitue et coupez-la. Enroulez la natte en bambou dans du film alimentaire. Déposez dessus une demi-feuille de nori. Couvrez-la de riz en tassant avec les mains humides.
5. Retournez la feuille d'algue côté riz sur le dessous. Déposez au centre une rangée de surimi, de carotte et de laitue. Enroulez le maki sur lui-même en vous aidant de la natte de bambou.
6. Découpez avec soin à l'aide d'un couteau très affuté humidifié. Décorez d'une lanière d'avocat et de graines de sésame au wasabi.

California makis au radis, cornichon et saumon

Pour 12 california makis
Préparation : 45 min
Cuisson : 25 min

120 g de riz à sushi cru
1 feuille de nori coupée en deux
8 à 10 radis
1 radis noir rond
8 à 10 cornichons
2 belles tranches de saumon fumé
2 cuillerées à soupe d'œufs de saumon

1. Préparez le riz selon la technique expliquée p. 9. Laissez totalement refroidir, sans mettre au réfrigérateur.
2. Lavez et équeutez les radis roses. Coupez-les en deux.
3. Épluchez le radis noir, coupez-le en rondelles puis en bâtonnets.
4. Coupez les cornichons en deux.
5. Enroulez la natte en bambou dans du film alimentaire. Déposez dessus une demi-feuille de nori. Couvrez-la de riz en tassant avec les mains humides.
6. Retournez la feuille d'algue côté riz sur le dessous. Déposez au centre une rangée de radis et de cornichon. Enroulez le maki sur lui-même en vous aidant de la natte de bambou.
7. Découpez avec soin à l'aide d'un couteau très affuté humidifié. Décorez d'une lanière de saumon fumé et d'œufs de saumon.

Temakis maquereau fumé-avocat

Pour 8 temakis
Préparation : 15 min
Sans cuisson

120 g de riz à sushi cru
½ avocat
100 g de maquereau fumé
4 feuilles de nori

1. Préparez le riz selon la technique expliquée p. 9. Laissez totalement refroidir, sans mettre au réfrigérateur.
2. Coupez les feuilles de nori en deux.
3. Découpez le maquereau et l'avocat en bâtonnets.
4. Garnissez le coin d'une feuille d'algue de riz, tassez légèrement.
5. Disposez la garniture en biais, enroulez la feuille sur elle-même de façon à ce que les coins se recouvrent. Renouvelez l'opération avec le reste des ingrédients.
6. Si besoin, fixez le coin de la feuille à l'aide d'un peu de riz écrasé.

Temakis daurade-ananas

Pour 8 temakis
Préparation : 15 min
Sans cuisson

120 g de riz à sushi cru
80 g de daurade
100 g d'ananas
4 feuilles de nori

1. Préparez le riz selon la technique expliquée p. 9.
2. Laissez totalement refroidir, sans mettre au réfrigérateur.
3. Coupez les feuilles de nori en deux de façon à obtenir 2 rectangles.
4. Découpez la daurade en bâtonnets de 6 à 8 cm de long.
5. Coupez l'ananas en bâtonnets de 6 à 8 cm de long.
6. Garnissez de riz le coin d'une feuille d'algue, tassez légèrement.
7. Disposez la garniture en biais, enroulez la feuille sur elle-même de façon à obtenir un cône. Renouvelez l'opération avec le reste des ingrédients.
8. Si besoin, fixez le coin de la feuille à l'aide d'un peu de riz écrasé.

Futomakis au canard

Pour 8 futomakis
Préparation : 30 min
Cuisson : 10 min

100 g de riz à sushi cru
½ carotte
½ poire
60 g d'aiguillettes de canard
1 œuf
1 bâton de concombre de 15 à 20 cm de long
1 cuillerée à soupe d'huile + 2 cuillerées à café pour la sauteuse
1 feuille de nori
sel, poivre

1. Préparez le riz selon la technique expliquée p. 9. Laissez totalement refroidir, sans mettre au réfrigérateur.
2. Pelez la poire et la carotte. Découpez-les en fins et longs bâtonnets.
3. Salez et poivrez les aiguillettes de canard. Faites-les cuire dans une sauteuse avec une cuillerée à café d'huile, de 2 à 4 minutes selon la cuisson souhaitée.
4. Battez l'œuf en omelette avec 1 pincée de sel et 1 cuillerée à soupe d'huile. Faites chauffer une sauteuse huilée de 20 cm de diamètre maximum. Versez l'œuf, baissez le feu et couvrez. Quand l'omelette semble à peine cuite au-dessus, après 3 minutes de cuisson environ, soulevez-la légèrement avec une spatule en enroulez-la sur elle-même de façon à obtenir un long rouleau épais.
5. Laissez-la refroidir séparément.
6. Sur une feuille de nori entière, répartissez le riz. Placez la garniture et façonnez comme pour des makis traditionnels, en serrant bien pour assurer la cohésion de l'ensemble.
7. Découpez en tranches fines.

Onigiris au saumon

Pour 8 onigiris
Préparation : 40 min
Cuisson : 15 min

250 g de riz à sushi cru
1 petite boîte de saumon
graines de sésame grillées

1. Préparez le riz selon la technique p. 9. Laissez totalement refroidir, sans mettre au réfrigérateur.
2. Émiettez le saumon.
3. Mouillez vos mains dans un bol d'eau froide. Prenez une boule de riz (environ 50 g) et compressez-la pour bien tasser le riz. Faites un creux au centre et déposez une cuillerée de garniture au saumon, refermez la boule de riz tout autour. Aplatissez la boule formée et donnez-lui une forme de triangle.
4. Décorez de graines de sésame.
5. Renouvelez l'opération avec le reste des ingrédients.

Onigiris thon-concombre

Pour 8 onigiris
Préparation : 40 min
Cuisson : 15 min

250 g de riz à sushi cru
1 petite boîte de thon
1 morceau de concombre d'environ 6 cm de longueur
sauce soja
1 feuille de nori

1. Préparez le riz selon la technique p. 9. Laissez totalement refroidir, sans mettre au réfrigérateur.
2. Coupez le concombre en tout petits dés et émiettez le thon. Mélangez le tout avec de la sauce soja.
3. Mouillez vos mains dans un bol d'eau froide. Prenez une boule de riz (environ 50 g) et compressez-la pour bien tasser le riz. Faites un creux au centre et déposez une cuillerée de garniture au thon, refermez la boule de riz tout autour. Aplatissez la boule formée et donnez-lui une forme de triangle.
4. Décorez d'un rectangle de feuille de nori.
5. Renouvelez l'opération avec le reste des ingrédients.

Onigiris poulet-petits pois

Pour 8 onigiris
Préparation : 40 min
Cuisson : 15 min
Repos : 10 min

250 g de riz à sushi cru
½ escalope de poulet cuite et coupée en tout petits dés
80 g de petits pois cuits (frais ou surgelés selon la saison)
1 feuille de nori

1. Préparez le riz selon la technique p. 9. Laissez totalement refroidir, sans mettre au réfrigérateur.
2. Placez le riz dans un saladier et ajoutez les petits pois et le poulet, remuez délicatement. Laissez refroidir à température ambiante.
3. Mouillez vos mains dans un bol d'eau froide. Prenez une boule de riz (environ 50 g) et compressez-la pour bien tasser le riz. Aplatissez la boule formée et donnez-lui une forme de triangle.
4. Décorez d'un rectangle de feuille de nori.
5. Renouvelez l'opération avec le reste des ingrédients

Onigiris aux œufs

Pour 8 onigiris
Préparation : 1 h
Cuisson : 20 min

250 g de riz à sushi cru
1 œuf
1 cuillerée à café de sucre
1 feuille de nori
1 pincée de sel

1. Préparez le riz selon la technique p. 9. Laissez totalement refroidir, sans mettre au réfrigérateur.
2. Dans un bol, fouettez l'œuf en omelette avec une fourchette. Incorporez le sucre et le sel. Faites cuire l'œuf dans une petite poêle à la manière d'un œuf brouillé, pour séparer la chair en petits morceaux. Ajoutez-les au riz vinaigré.
3. Mouillez vos mains dans un bol d'eau froide. Prenez une boule de riz (environ 50 g) et compressez-la pour bien tasser le riz. Aplatissez la boule formée et donnez-lui une forme de triangle.
4. Décorez éventuellement d'un rectangle de feuille de nori.
5. Renouvelez l'opération avec le reste des ingrédients.

Yakitoris de boulettes de poulet

Pour 4 personnes
Préparation : 20 min
Cuisson : 8 min

400 g de chair de poulet
6 cl de vinaigre de riz
6 cl de sauce soja
30 g de sucre roux
1 gousse d'ail
1 cuillerée à soupe de coriandre ciselée
1 gros œuf
sauce soja sucrée pour le service

1. Coupez la chair de poulet en cubes puis hachez-les au robot (ou au mixeur).
2. Dans un saladier, mélangez la viande avec le vinaigre, la sauce soja, le sucre, la gousse d'ail, la coriandre et l'œuf.
3. Formez des boulettes de la taille d'une noix. Enfilez-les sur des piques en bois.
4. Faites cuire les brochettes sur le gril ou dans une poêle avec un filet d'huile.
5. Servez avec de la sauce soja sucrée.

Mon conseil : pour obtenir des boulettes bien moelleuses, prenez la chair de poulet dans la cuisse plutôt que dans le filet.

Yakitoris de boulettes de bœuf

Pour 4 personnes
Préparation : 15 min
Cuisson : 10 min

350 g de bœuf haché
1 cuillerée à café de gingembre frais haché
2 cuillerées à soupe de sauce soja
1 blanc d'œuf

Pour la sauce

3 cuillerées à soupe de sauce soja sucrée
1 cuillerée à soupe de vinaigre de riz
1 cuillerée à soupe de sucre roux

1. Dans un saladier, mélangez la viande avec le gingembre, la sauce soja et le blanc d'œuf.
2. Formez des boulettes de la taille d'une noix. Enfilez-les sur des piques en bois.
3. Faites cuire les brochettes sur le gril ou dans une poêle avec un filet d'huile.
4. Mélangez les ingrédients de la sauce et servez avec les brochettes.

Yakitoris de poulet pané

Pour 4 personnes
Préparation : 20 min
Cuisson : 8 min

300 g d'aiguillettes de poulet
1 œuf
40 g de farine
1 assiette de panko (chapelure japonaise)
sel, poivre

1. Fouettez l'œuf en omelette et ajoutez du sel et du poivre. Versez-le dans une assiette creuse.
2. Farinez les aiguillettes de poulet et piquez-les sur des brochettes en bois.
3. Trempez-les dans l'œuf puis dans la chapelure.
4. Faites cuire les brochettes sur le gril ou dans une poêle avec un filet d'huile d'olive.

Astuce : à défaut de chapelure japonaise, la chapelure européenne, plus fine, pourra être utilisée sans problème.

Yakitoris de poulet

Pour 4 personnes
Préparation : 10 min
Cuisson : 5 min
Marinade : 1 h

300 g d'aiguillettes de poulet
5 cl de vinaigre de riz
5 cl de sauce soja
1 cuillerée à soupe de mirin (facultatif)
20 g de sucre roux
sauce soja sucrée pour le service

1. Dans un saladier, mélangez le vinaigre de riz, la sauce soja, le mirin et le sucre.
2. Ajoutez les aiguillettes de poulet et mélangez bien. Laissez mariner au moins 1 heure au réfrigérateur.
3. Enfilez les aiguillettes sur des piques en bois.
4. Faites-les cuire sur le gril ou dans une poêle avec un filet d'huile. Arrosez de la sauce marinade.
5. Servez avec de la sauce soja sucrée.

Yakitoris de canard sauce teriyaki

Pour 4 personnes
Préparation : 10 min
Cuisson : 5 min
Marinade : 1 h

300 g d'aiguillettes de canard
2 cuillerées à soupe de vinaigre de riz
4 cuillerées à soupe de sauce soja sucrée
1 cuillerée à soupe de mirin (facultatif)
1 cuillerée à soupe de graines de sésame
sauce soja sucrée pour le service

1. Dans un saladier, mélangez le vinaigre de riz, la sauce soja et le mirin.
2. Ajoutez les aiguillettes de canard et mélangez bien. Laissez mariner au moins 1 heure au réfrigérateur.
3. Enfilez les aiguillettes sur des piques en bois. Saupoudrez-les de graines de sésame.
4. Faites-les cuire sur le gril ou dans une poêle avec un filet d'huile. Arrosez de la sauce marinade.
5. Servez avec de la sauce soja sucrée.

Yakitoris de saumon

Pour 4 personnes
Préparation : 10 min
Cuisson : 5 min
Marinade : 1 h

2 pavés de saumon (300 g)
3 cuillerées à soupe de sauce nuoc-mâm
4 cuillerées à soupe de sauce soja
1 cuillerée à soupe de mirin
3 cuillerées à café de sucre roux
½ citron vert

1. Levez les filets de saumon en retirant la peau et les arêtes.
2. Émincez le saumon en cubes de taille moyenne.
3. Dans un saladier, mélangez le poisson avec le reste des ingrédients. Laissez mariner au moins 1 heure au frais.
4. Disposez les cubes de saumon en brochette et faites cuire sur le gril ou dans une poêle, en arrosant de la sauce de marinade.

Yakitoris de Saint-Jacques

Pour 4 brochettes
Préparation : 10 min
Cuisson : 20 min
Marinade : 1 h

12 noix de Saint-Jacques
4 cuillerées à soupe de sauce soja
2 cuillerées à soupe de saké
2 cuillerées à soupe de sucre roux
huile d'olive

1. Mélangez l'ensemble des ingrédients dans un bol. Laissez mariner 1 heure au frais.
2. Enfilez les noix de Saint-Jacques sur des piques en bois.
3. Faites-les cuire 1 à 2 minutes de chaque côté, dans une poêle bien chaude, avec un filet d'huile d'olive.

Yakitoris de thon au miso

Pour 4 personnes
Préparation : 10 min
Cuisson : 20 min
Marinade : 30 min

500 g de thon blanc
2 cuillerées à soupe de pâte de miso
2 cuillerées à soupe de saké (ou vinaigre de riz)
2 cuillerées à soupe d'huile
1 cuillerée à café de gingembre frais râpé
1 cuillerée à soupe de jus de citron

1. Préchauffez le four à 180 °C (th. 6).
2. Coupez le thon en cubes.
3. Mélangez le reste des ingrédients et faites-y mariner le thon 30 minutes.
4. Enfilez les cubes de thon sur 4 brochettes. Déposez-les sur une plaque.
5. Faites-les cuire 5 minutes.

Yakitoris de tofu au sésame

Pour 4 personnes
Préparation : 20 min
Cuisson : 8 min
Marinade : 2 h

400 g de tofu ferme
5 cuillerées à soupe de sauce soja
1 cuillerée à café de sucre roux
1 cm de gingembre frais râpé
2 œufs
1 petit bol de graines de sésame
sel, poivre

1. Coupez le tofu en dés. Mélangez-le avec la sauce soja, le sucre et le gingembre dans un bol. Laissez mariner 2 heures au frais, en remuant de temps en temps.
2. Fouettez les œufs en omelette et ajoutez du sel et du poivre. Versez-les dans une assiette creuse.
3. Trempez les dés de tofu dans les œufs battus puis dans les graines de sésame.
4. Piquez les cubes de tofu sur des piques en bois.
5. Faites cuire les brochettes sur le gril ou dans une poêle avec un filet d'huile.
6. Égouttez-les sur un papier absorbant avant de les déguster.

Poulet caramélisé au sésame

Pour 4 personnes
Préparation : 10 min
Cuisson : 10 min
Marinade : 1 h

500 g de blancs de poulet
4 cuillerées à soupe de sauce soja
4 cuillerées à soupe de vinaigre blanc
2 cuillerées à soupe d'huile
1 cuillerée à soupe de sucre
2 cuillerées à soupe de graines de sésame

1. Coupez le poulet en petits morceaux.
2. Mélangez la sauce soja, le vinaigre, l'huile et le sucre. Faites mariner 1 heure la viande dans cette sauce.
3. Égouttez la viande, puis faites-la dorer dans une sauteuse environ 5 minutes. Ajoutez les graines de sésame et la marinade, poursuivez la cuisson jusqu'à ce que le poulet caramélise.
4. Servez chaud, avec du riz blanc.

Tonkatsu

Pour 4 personnes
Préparation : 10 min
Cuisson : 10 min

4 bols de riz à sushi cuit selon la technique expliquée p. 9
4 côtes de porc désossées
100 g de farine
2 œufs
100 g de panko (chapelure japonaise)
huile
sel, poivre

1. Incisez la viande avec un couteau pour lui permettre de mieux cuire.
2. Battez les œufs en omelette avec du sel et du poivre. Versez-les dans une assiette creuse. Versez la chapelure dans une deuxième assiette creuse. Versez la farine dans une autre assiette.
3. Roulez les côtes de porc dans la farine pour bien les enrober, trempez-les dans l'œuf puis enrobez-les de chapelure.
4. Faites chauffer un filet d'huile dans une grande poêle. Faites-y cuire les côtes de porc environ 5 minutes de chaque côté, pour que la viande soit bien cuite et la chapelure bien dorée.
5. Servez chaud, coupé en tronçons de 1 cm, avec un bol de riz.

Astuce : la chapelure japonaise est plus épaisse que la chapelure occidentale. Elle permet d'avoir des panures plus croustillantes. À défaut, prenez de la chapelure occidentale.

Saumon sauce teriyaki

Pour 4 personnes
Préparation : 5 min
Cuisson : 15 min
Marinade : 30 min

4 pavés de saumon
4 cuillerées à soupe de sauce soja
4 cuillerées à soupe de vin blanc
2 cuillerées à soupe de vinaigre blanc
1 cuillerée à café de gingembre frais râpé
1 cuillerée à café de sucre

1. Préchauffez le four à 180 °C (th. 6).
2. Retirez les arêtes des pavés de saumon.
3. Mélangez l'ensemble des ingrédients et faites-y mariner le saumon 30 minutes.
4. Placez les pavés de saumon dans un plat à gratin. Arrosez-les de marinade.
5. Faites cuire environ 15 minutes.
6. Servez chaud, avec du riz blanc.

Oyako-don

Pour 2 personnes
Préparation : 20 min
Cuisson : 15 min

2 bols de riz à sushi cuit selon la technique expliquée p. 9
1 petit oignon
1 blanc de poireau
2 blancs de poulet (200 g)
2 œufs
2 cuillerées à soupe de sauce soja
2 cuillerées à soupe de saké
2 cuillerées à café de sucre
½ cuillerée à café de dashi (équivalent du bouillon de légumes)

1. Pelez et émincez finement l'oignon. Coupez le poulet en fines lanières. Lavez et émincez le blanc de poireau en fines rondelles. Battez les œufs en omelette dans un bol.
2. Dans une poêle, faites chauffer 5 cl d'eau avec le bouillon dashi et le sucre. Faites-y cuire l'oignon et le blanc de poireau environ 5 minutes jusqu'à ce qu'ils soient bien tendres.
3. Ajoutez le poulet, la sauce soja et le saké. Laissez cuire 5 minutes.
4. Versez les œufs battus et laissez cuire à couvert. Lorsqu'ils commencent à solidifier, mélangez un peu pour avoir une texture entre l'omelette et les œufs brouillés.
5. Servez l'omelette oyako-don sur un bol de riz chaud.

Mon conseil : l'oyako-don, recette japonaise au poulet, a une texture entre l'omelette et l'œuf brouillé. J'aime y ajouter un blanc de poireaux pour la parfumer davantage.

Omuraisu

Pour 2 à 4 personnes
Préparation : 20 min
Cuisson : 20 min

300 g de riz à sushi cuit selon la technique expliquée p. 9
1 petit oignon
¼ poivron rouge
1 blanc de poulet (100 g)
2 cuillerées à soupe de saké
2 cuillerées à soupe de ketchup
4 œufs
huile

1. Pelez et ciselez finement l'oignon. Coupez le poivron en petits dés. Émincez le poulet en petits cubes.
2. Dans une poêle, faites revenir l'oignon et le poivron dans un filet d'huile. Laissez cuire environ 5 minutes jusqu'à ce que les légumes soient tendres.
3. Ajoutez le poulet, le ketchup et faites revenir 4 à 5 minutes pour cuire le poulet.
4. Ajoutez le riz cuit, le saké et faites sauter le riz 2 minutes.
5. Dans une poêle propre, d'environ 22 à 24 cm de diamètre, faites chauffer un filet d'huile. Versez 2 œufs battus en omelette et faites cuire à feu moyen, à couvert, pour que les œufs commencent à cuire. Versez la moitié de la garniture au riz sur un côté de l'omelette encore baveuse, et pliez-la en deux.
6. Renouvelez l'opération avec la garniture et les 2 œufs restants.
7. Servez l'omelette japonaise omuraisu bien chaude avec du ketchup.

Okonomiyaki

Pour 2 personnes
Préparation : 10 min
Cuisson : 10 min

3 feuilles de chou
4 lamelles de gingembre confit
quelques lamelles de bonite séchée
100 g de farine T65
15 cl de fumet de poisson
2 œufs bio
100 g de blanc de poulet cuit
6 gambas cuites
2 petits oignons nouveaux avec leurs tiges
¼ de feuille de nori
½ cuillerée à café de sel
sauce pour okonomiyaki (à défaut, sauce barbecue)
mayonnaise

1. Émincez les feuilles de chou en fines lanières.
2. Mélangez le chou avec la farine et délayez progressivement avec le fumet de poisson. Ajoutez l'œuf, les feuilles de chou et le sel.
3. Coupez le poulet en dés, les gambas en deux dans l'épaisseur, les oignons et leurs tiges en très fines lamelles. Mélangez-les à la pâte.
4. Ciselez la feuille de nori en tout petits morceaux, ajoutez-les à la pâte.
5. Faites chauffer une poêle huilée, répartissez dedans la moitié de la pâte. Laissez cuire environ 5 minutes à feu moyen. Lorsque les côtés de la crêpe ont pris, retournez-la délicatement.
6. Laissez cuire à nouveau jusqu'à ce qu'elle soit dorée des deux côtés.
7. Préparez de la même manière le restant de pâte.
8. Servez avec une sauce pour okonomiyaki (ou sauce barbecue), de la mayonnaise, de fines lamelles de bonite séchée et du gingembre confit.

Mon conseil : préférez les courgettes râpées aux feuilles de chou en été.

Tempuras de crevettes

Pour 4 personnes
Préparation : 15 min
Cuisson : 15 min

20 crevettes moyennes
50 g de farine
20 g de Maïzena®
7 cl d'eau glacée
1 petit œuf
huile de friture

1. Préparez la pâte à tempura : battez l'œuf avec l'eau glacée.
2. Mélangez la farine et la Maïzena® et versez un peu du mélange œuf-eau.
3. Écrasez avec une cuillère ou une fourchette pour bien incorporer. Ajoutez peu à peu le reste du liquide.
4. Faites chauffer un grand bain d'huile de friture. Décortiquez les crevettes, en enlevant la tête et en conservant la queue. Incisez le dos et retirez l'intestin. Rincez-les. Quand elle est bien chaude, plongez chaque crevette dans la pâte (sans plonger la queue) pour bien les enrober.
5. Plongez-les entièrement dans le bain de friture. Laissez frire 2 à 3 minutes.
6. Retirez les crevettes avec une écumoire ou des baguettes et égouttez sur un papier absorbant. Faites cuire les crevettes par 4 ou 5 à la fois.

Bouillon de légumes au tofu

Pour 4 personnes
Préparation : 15 min
Cuisson : 20 min

100 g de tofu ferme
100 g de courgette
100 g d'aubergine
2 feuilles de chou chinois
1 litre de bouillon de poule
1 cuillerée à café
de gingembre râpé
2 cuillerées à soupe
de sauce soja
huile

1. Coupez le tofu en bandes de 5 mm d'épaisseur. Faites-les dorer dans une poêle antiadhésive avec un fond d'huile.
2. Lorsqu'elles sont colorées de chaque côté, épongez-les sur du papier absorbant.
3. Coupez la courgette et l'aubergine en morceaux de 3 mm d'épaisseur.
4. Ciselez le chou chinois en très fines lanières.
5. Faites revenir les légumes durant 5 minutes jusqu'à les faire légèrement colorer puis ajoutez le bouillon.
6. Laissez cuire 10 minutes à couvert, ajoutez le gingembre et la sauce soja.
7. Répartissez les légumes dans les bols, arrosez de bouillon et répartissez le tofu frit.

Soupe japonaise au tofu

Pour 4 personnes
Préparation : 10 min
Cuisson : 20 min

1 échalote
2 carottes
160 g de tofu
1 cuillerée à soupe de sauce soja
1 cuillerée à soupe de vinaigre blanc
1 cuillerée à café de gingembre frais râpé
1 cuillerée à soupe de sésame
1 cube de bouillon de légumes
300 g de nouilles
huile

1. Pelez et émincez finement l'échalote. Pelez et coupez les carottes en bâtonnets. Coupez le tofu en cubes.
2. Faites revenir les légumes 5 minutes dans 1 cuillerée à soupe d'huile.
3. Ajoutez le tofu et le reste des ingrédients, sauf les nouilles. Ajoutez 60 cl d'eau et laissez cuire 10 minutes à couvert.
4. Ajoutez les nouilles et laissez cuire 5 minutes supplémentaires.

Mon conseil : le tofu est fabriqué en faisant cailler du lait de soja avec du nigari (une présure marine). Il est donc riche en protéines végétales et en vitamines et minéraux. Seul, le tofu est très fade. Pour l'apprécier, il faut le mélanger avec d'autres ingrédients, dont il prendra les saveurs.

Soupe miso à l'algue wakamé

Pour 4 personnes
Préparation : 10 min
Cuisson : 20 min

100 g de poireau
2 filaments d'algue wakamé séchée
2 à 3 cuillerées à soupe de miso
125 g de tofu

1. Lavez le poireau et coupez-le en fines rondelles.
2. Réhydratez l'algue dans un bol d'eau bouillante, puis égouttez-la. Coupez-la en petits carrés.
3. Faites bouillir 40 cl d'eau et plongez-y le poireau. Laissez cuire 5 minutes.
4. Ajoutez ensuite l'algue et laissez cuire encore 10 minutes à petit feu.
5. Délayez le miso dans une partie du bouillon, puis incorporez-le à l'ensemble.
6. Ajoutez le tofu coupé en dés et laissez chauffer sans faire bouillir durant 5 minutes.

Sushis orange, pamplemousse et fleur d'oranger

Pour 8 à 10 sushis
Préparation : 20 min
Cuisson : 10 min
Repos : 1 h 10

120 g de riz à sushi cru
1 orange
1 pamplemousse
1 cuillerée à soupe d'eau de fleur d'oranger
30 g de sucre
1 feuille de nori

1. Préparez le riz selon la technique expliquée p. 9. Assaisonnez avec le sucre et l'eau de fleur d'oranger.
2. Laissez totalement refroidir, sans mettre au réfrigérateur.
3. Pelez l'orange et le pamplemousse à vif et prélevez les suprêmes en découpant chaque quartier de chair sans la fine peau blanche.
4. Mouillez-vous les mains et prélevez une boulette de riz. Tassez-la pour lui donner forme, plaquez dessus un quartier de pamplemousse et d'orange.
5. Tassez entre vos mains mouillées pour maintenir le sushi. Ceinturez-les d'une petite bande de feuille de nori fixée sous le sushi.

Spring rolls framboise-noisettes

Pour environ 12 spring rolls
Préparation : 20 min
Cuisson : 10 min

2 galettes de riz
de 28 cm de diamètre
120 g de riz à sushi cru
2 cuillerées à soupe
de sucre
1 cuillerée à soupe
de vinaigre de riz
1 petite barquette
de framboises
1 poignée de noisettes
concassées

1. Préparez le riz selon la technique expliquée p. 9.
2. Mélangez le riz avec le sucre et le vinaigre dans un grand saladier. Laissez-le bien refroidir avant utilisation.
3. Concassez les noisettes avec un grand couteau.
4. Humidifiez un torchon propre et déposez dessus une feuille de riz brièvement trempée dans de l'eau chaude. Parsemez de noisettes concassées et déposez du riz sur la moitié de la surface. Déposez au milieu du riz une rangée de framboises sur toute la largeur.
5. Rabattez les côtés de la feuille de riz sur le riz et enroulez la feuille pour former un rouleau. La feuille de riz se colle sur elle-même, enroulez-la en maintenant bien serré.
6. Découpez en 5 ou 6 morceaux. Servez avec un coulis de fruits rouges.

Spring rolls banane-coco

Pour 20 spring rolls
Préparation : 25 min
Cuisson : 30 min

200 g de riz à sushi cru
40 cl de lait de coco
150 g de sucre
1 banane
4 feuilles de riz

1. Placez le riz, le lait de coco et 20 cl d'eau dans une casserole.
2. Portez le mélange à ébullition puis couvrez et laissez mijoter à feu moyen pendant 15 minutes, en remuant régulièrement pour que le riz n'accroche pas.
3. Ôtez le couvercle, ajoutez le sucre et laissez cuire 5 minutes de plus à feu doux. Laissez entièrement refroidir.
4. Coupez la banane en 4 bâtonnets dans la longueur.
5. Enveloppez la natte de film alimentaire. Trempez 1 feuille de riz 30 secondes dans de l'eau chaude, déposez-la sur la natte en bambou.
6. Couvrez-en les deux tiers environ avec ¼ du riz, tassez légèrement avec le dos d'une cuillère. Déposez 1 morceau de banane.
7. Enroulez en serrant bien à l'aide de la natte en bambou. Renouvelez l'opération avec le reste des ingrédients.
8. Puis coupez les rouleaux en 6 morceaux, en humidifiant la lame du couteau entre chaque découpe.

Spring rolls fraise, mangue et coco

Pour environ 12 spring rolls
Préparation : 20 min
Cuisson : 20 min
Repos : 10 min

120 g de riz à sushi cru
2 galettes de riz de 28 cm de diamètre
20 cl de lait de coco
5 cl d'eau
75 g de sucre
¼ de mangue
1 petite barquette de fraises

1. Mélangez le riz avec le lait et l'eau dans une casserole en inox.
2. Portez le mélange à ébullition puis couvrez et laissez mijoter à feu moyen pendant 15 minutes, en remuant régulièrement pour que le riz n'accroche pas.
3. Ôtez le couvercle, ajoutez le sucre et laissez cuire 5 minutes de plus à feu doux. Laissez entièrement refroidir.
4. Coupez la mangue et les fraises en bâtonnets.
5. Humidifiez un torchon propre et déposez dessus une feuille de riz brièvement trempée dans de l'eau. Déposez du riz sur la moitié de la surface. Déposez au milieu du riz des bâtonnets de mangue et de fraise sur toute la largeur.
6. Rabattez les côtés de la feuille de riz sur le riz et enroulez la feuille pour former un rouleau. La feuille de riz se colle sur elle-même, enroulez-la en maintenant bien serré.
7. Découpez en 5 ou 6 morceaux. Servez avec un coulis de mangue.

Spring rolls kaki-chocolat

Pour environ 12 spring rolls
Préparation : 20 min
Cuisson : 10 min
Repos : 10 min

2 galettes de riz de 28 cm de diamètre
120 g de riz japonais
2 cuillerées à soupe de sucre
1 cuillerée à soupe de vinaigre de riz
½ kaki bien mûr
2 carrés de chocolat râpé

1. Préparez le riz selon la technique expliquée p. 9.
2. Mélangez le riz avec le sucre et le vinaigre dans un grand saladier. Laissez-le bien refroidir avant utilisation.
3. Pelez et coupez le kaki en fins bâtonnets.
4. Humidifiez un torchon propre et déposez dessus une feuille de riz brièvement trempée dans de l'eau chaude. Parsemez de chocolat râpé et déposez du riz sur la moitié de la surface. Déposez au milieu du riz des bâtonnets de kaki sur toute la largeur.
5. Rabattez les côtés de la feuille de riz sur le riz et enroulez la feuille pour former un rouleau. La feuille de riz se colle sur elle-même, enroulez-la en maintenant bien serré.
6. Découpez en 5 ou 6 morceaux. Servez avec un coulis de mangue.

Perles du Japon au lait de coco

Pour 4 personnes
Préparation : 10 min
Cuisson : 20 min

120 g de tapioca
ou de perles du Japon
60 cl de lait de coco
60 g de sucre

1. Dans une casserole, mélangez le tapioca, 50 cl de lait de coco et le sucre. Faites chauffer à feu moyen environ 20 minutes, jusqu'à ce que les graines de tapioca soient moelleuses et transparentes.
2. Répartissez la préparation dans 4 ramequins. Versez le lait de coco restant et réservez au frais.

Variantes : ajouter du thé vert ou de l'arôme de pandan dans le tapioca une fois qu'il est cuit. Versez le tapioca dans des petites verrines, en alternant avec des morceaux de mangue ou d'ananas.

Dango mochi à la sauce shôyu-caramel

Pour 6 à 7 brochettes
Préparation : 30 min
Cuisson : 10 min

Pour la sauce shôyu-caramel
8 cl d'eau
80 g de sucre en poudre
1 cuillerée à soupe de sauce shôyu (sauce soja)
1 cuillerée à soupe de mirin
1 cuillerée à soupe de Maïzena®

Pour la pâte de mochi
200 g de farine de riz gluant
25 cl d'eau
80 g de sucre en poudre
Maïzena®

1. Préparez la sauce shôyu-caramel : mélangez tous les ingrédients et faites cuire 3 à 5 minutes jusqu'à ce que le mélange épaississe.
2. Pour la pâte de mochi : mélangez la farine de riz, l'eau et le sucre dans un saladier en verre. Faites cuire ce mélange 30 secondes dans le micro-ondes à puissance moyenne. Sortez du four, mélangez la préparation avec une cuillère puis remettez 30 secondes au micro-ondes. Renouvelez l'opération 5 à 6 fois jusqu'à avoir une pâte épaisse mais qui reste souple et collante.
3. La pâte de mochi refroidit rapidement. Elle doit rester chaude pour pouvoir être travaillée facilement. Partagez-la en 20 petites boules et placez-les dans une assiette saupoudrée de Maïzena®.
4. Faites cuire les dango mochi en les plongeant dans une grande casserole d'eau bouillante non salée. Laissez cuire environ 5 minutes, jusqu'à ce que les boules remontent à la surface.
5. Égouttez-les et piquez-les sur des piques en bois, trois par trois.
6. Servez les dango mochi nappés de sauce shôyu-caramel.

Boules de coco

Pour 10 à 12 boules de coco
Préparation : 30 min
Cuisson : 1 h

Pour la pâte
250 g de farine de riz gluant
20 cl d'eau chaude
50 g de sucre

Pour la farce
50 g de haricots mungo
40 g de noix de coco râpée
30 g de sucre en poudre

1. Faites cuire les haricots mungo 45 minutes à la vapeur.
2. Mixez finement les haricots mungo avec le sucre et la noix de coco.
3. Formez des petites boules avec cette pâte, d'environ 1,5 ou 2 cm de diamètre.
4. Dans un bol, mélangez la farine de riz gluant avec le sucre et l'eau bouillante. Mélangez à l'aide d'une cuillère puis finissez de travailler la pâte à la main. Elle doit être souple et maniable.
5. Prélevez des boules de pâte, aplatissez-les en un disque et entourez les boules de haricots jaunes. Refermez bien pour avoir une boule blanche toute ronde. On compte environ une boule de 10 g de farce et une boule de 35 g de pâte au riz gluant.
6. Façonnez ainsi une dizaine de boules de coco.
7. Faites-les cuire 15 minutes au cuit vapeur et roulez-les dans de la noix de coco râpée dès la fin de la cuisson.
8. Dégustez les boules de coco sans attendre et réchauffez-les 1 minutes au micro-ondes avant de les servir. Attention, les boules de coco durcissent vite. Il est déconseillé de les faire trop longtemps à l'avance.

Daifuku mochi au thé vert et pâte de haricots rouges

Pour 4 personnes
Préparation : 30 min
Cuisson : 3 min

175 g de pâte de haricots rouges (anko)
100 g de farine de riz gluant
12,5 cl d'eau
½ cuillerée à café de thé vert matcha
40 g de sucre en poudre
Maïzena®

1. Préparez la garniture : formez 8 boules avec la pâte de haricots rouges.
2. Préparez la pâte de mochi : mélangez la farine de riz, l'eau, le thé vert et le sucre dans un saladier en verre. Faites cuire ce mélange 30 secondes au micro-ondes à puissance moyenne. Sortez du four, mélangez la préparation avec une cuillère puis remettez 30 secondes au micro-ondes. Renouvelez l'opération 5 à 6 fois jusqu'à avoir une pâte épaisse mais qui reste souple et collante.
3. La pâte de mochi refroidit rapidement. Elle doit rester chaude pour pouvoir être travaillée facilement. Partagez-la en 8 morceaux. Enrobez-les de Maïzena® pour les travailler facilement. Prenez un morceau et aplatissez-le en un disque. Placez une boule de pâte de haricots et refermez bien pour avoir une boule verte toute ronde.
4. Renouvelez l'opération avec le reste des ingrédients.
5. Consommez les daifuku mochi rapidement car ils risquent de durcir.

Tempuras de bananes

Pour 4 personnes
Préparation : 15 min
Cuisson : 15 min

2 bananes
50 g de farine
20 g de Maïzena®
30 g de sucre
7 cl d'eau glacée
1 petit œuf
huile de friture

1. Préparez la pâte à tempura : battez l'œuf avec l'eau glacée.
2. Mélangez la farine, le sucre et la Maïzena® et versez un peu du mélange liquide œuf-eau.
3. Écrasez avec une cuillère ou une fourchette pour bien incorporer. Ajoutez peu à peu le reste du liquide.
4. Faites chauffer un grand bain d'huile de friture. Pelez et coupez les bananes en rondelles. Quand l'huile est bien chaude, plongez chaque rondelle dans la pâte pour bien les enrober.
5. Plongez-les entière dans le bain de friture. Laissez frire 2 à 3 minutes.
6. Retirez les rondelles avec une écumoire ou des baguettes et égouttez-les sur un papier absorbant. Faites cuire les rondelles par 4 ou 5 à la fois.

ÉQUIVALENCES

MESURES LIQUIDES

SYSTÈME MÉTRIQUE	SYSTÈME AMÉRICAIN	AUTRE NOM
5 ml	1 cuillère à thé (cuillère à café française)	
15 ml	1 cuillère à table (cuillère à soupe française)	
35 ml	1/8 cup (tasse française)	1 oz (ou once)
65 ml	1/4 cup ou 1/4 grand verre	2 oz
125 ml	1/2 cup ou 1/2 grand verre	4 oz
250 ml	1 cup ou 1 grand verre	8 oz
500 ml	2 cups ou 1 pinte	
1 litre	4 cups ou 2 pintes	

MESURES SOLIDES

SYSTÈME MÉTRIQUE	SYSTÈME AMÉRICAIN	AUTRE NOM
30 g	1 oz	
55 g	1/8 lbs	2 oz
115 g	1/4 lbs	4 oz
170 g	3/8 lbs	6 oz
225 g	1/2 lbs	8 oz
454 g	1 livre	16 oz

CHALEUR DU FOUR

CHALEUR	° CELSIUS	THERMOSTAT	° FAHRENHEIT
Très doux	70 °C	Th. 2-3	150 °F
Doux	100 °C	Th. 3-4	200 °F
	120 °C	Th. 4	250 °F
Moyen	150 °C	Th. 5	300 °F
	180 °C	Th. 6	350 °F
Chaud	200 °C	Th. 6-7	400 °F
	230 °C	Th. 7-8	450 °F
Très chaud	260 °C	Th. 8-9	500 °F

Mango une marque de Fleurus Éditions
www.fleuruseditions.com
www.odelices.com

© Textes et photos : Marie-Laure Tombini
© Photo couverture : Nathanaël Turpin-Griset. Stylisme : Géraldine Sauvage.

Direction éditoriale : Barbara Sabatier
Édition : Adèle Vay et Pauline Lacroix - **Direction artistique :** Chloé Eve
Maquette : Mélissa Chalot - **Fabrication :** Thierry Dubus et Sabine Marioni

N° d'édition : M13085 - **ISBN :** 9782317001468 - **Code MDS :** 72316
Photogravure : Amalthéa
Achevé d'imprimer en avril 2013 par C&C Offset Printing Ltd., Chine
Dépôt légal : août 2013
Édition N°1

RECETTES AU
CHOCOLAT
MANGO

PETITES
DOUCEURS
MANGO

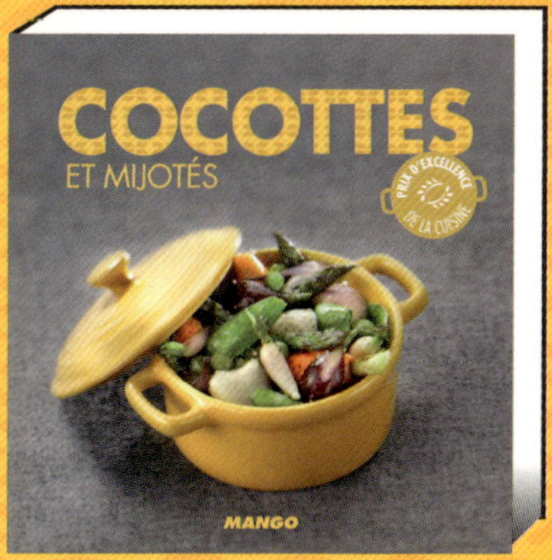
COCOTTES
ET MIJOTÉS
MANGO

RECETTES À
PETIT PRIX
MANGO

CUISINE
BISTROT
MANGO

BOCAUX ET
VERRINES

SALADES
GOURMANDES
MANGO

MAROC
MANGO

CUISINE DE
L'ÉTUDIANT
MANGO